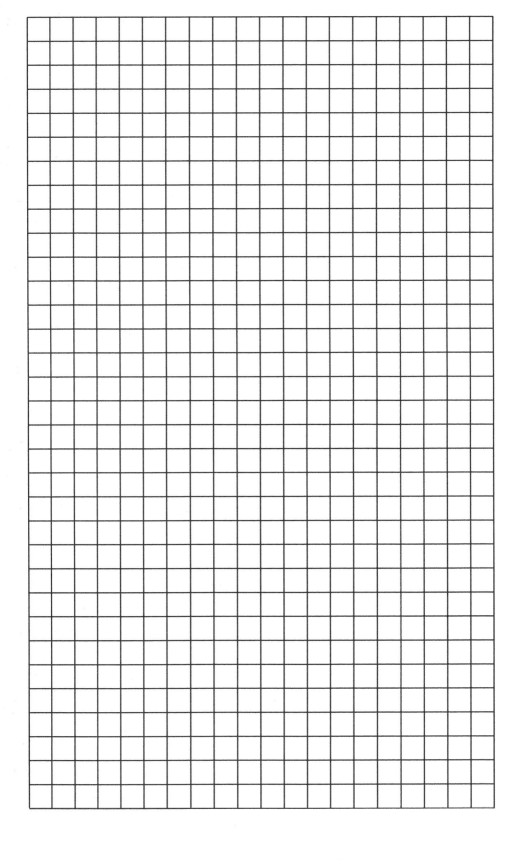

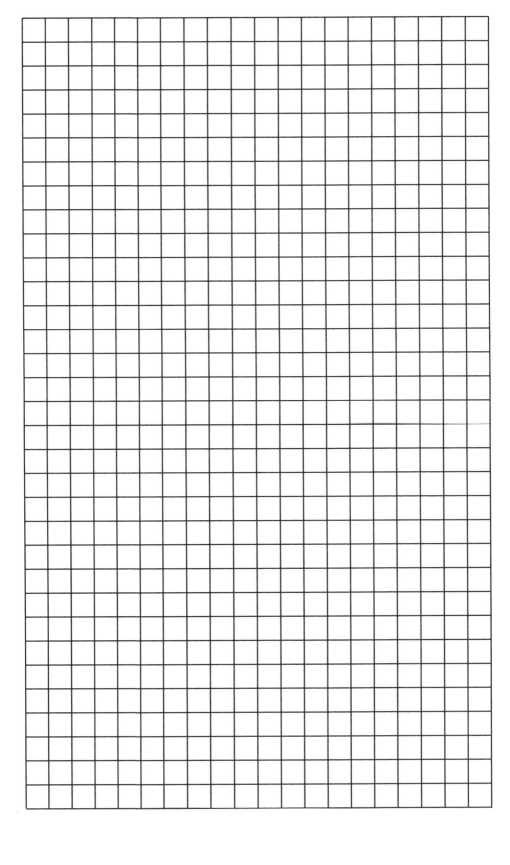

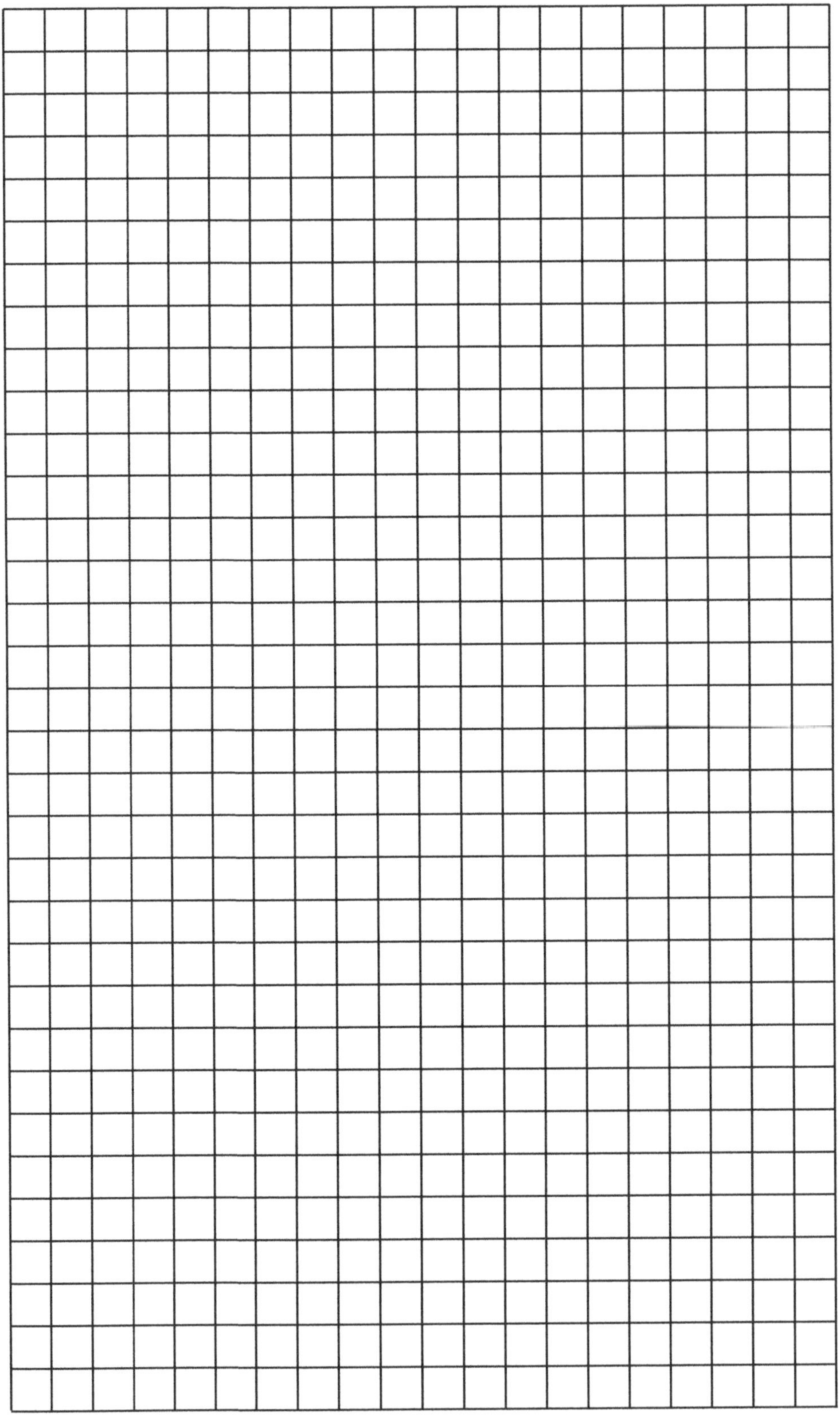

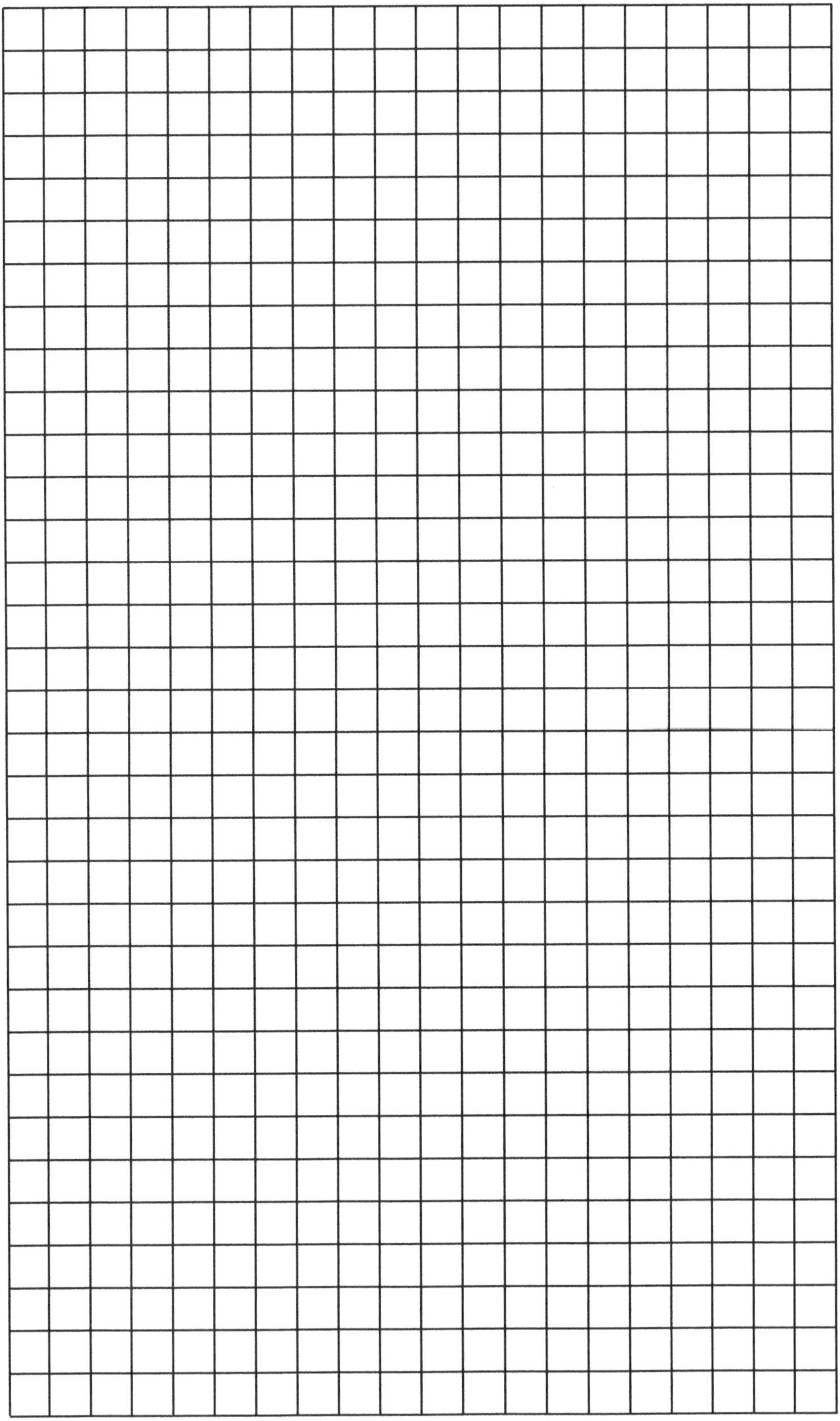

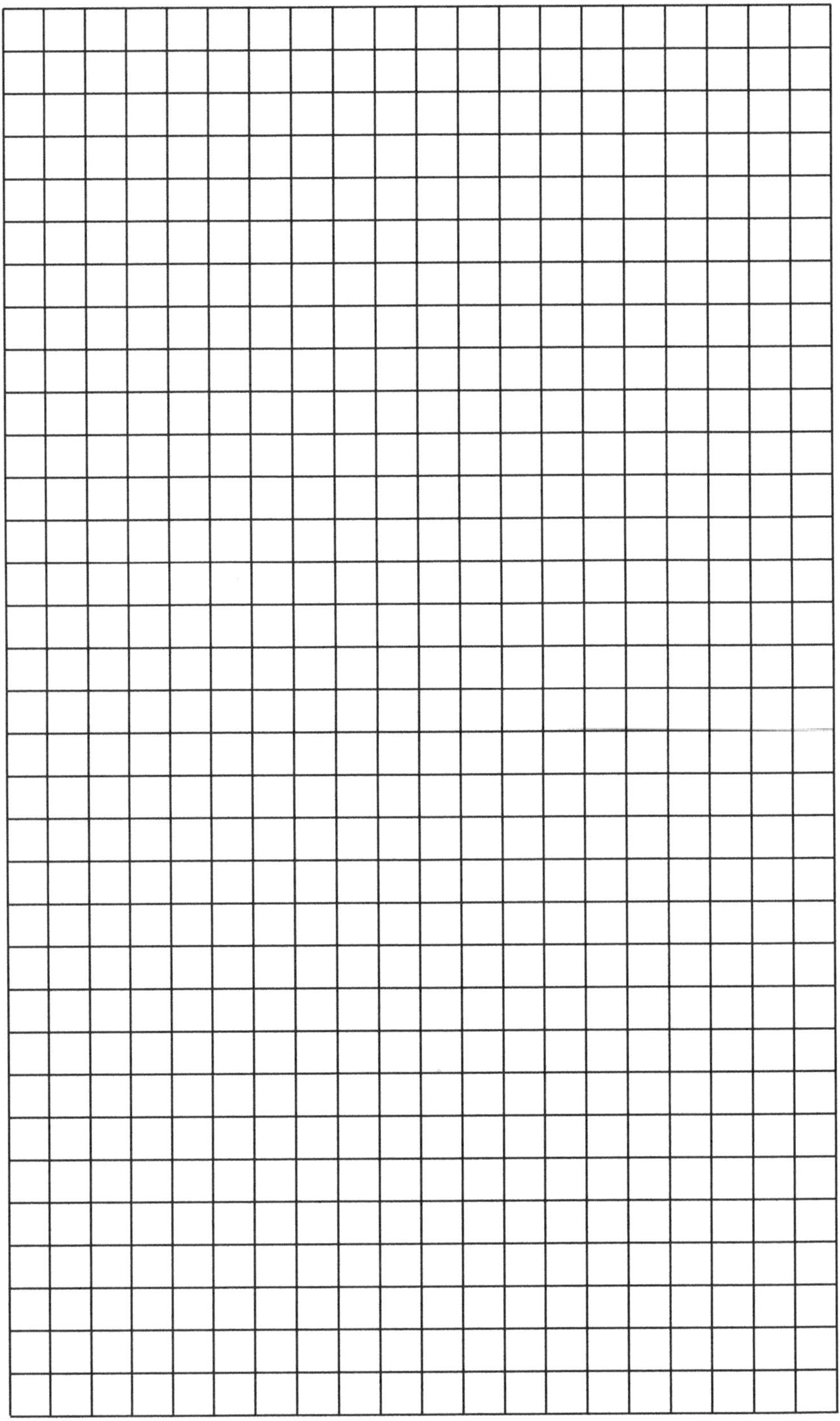

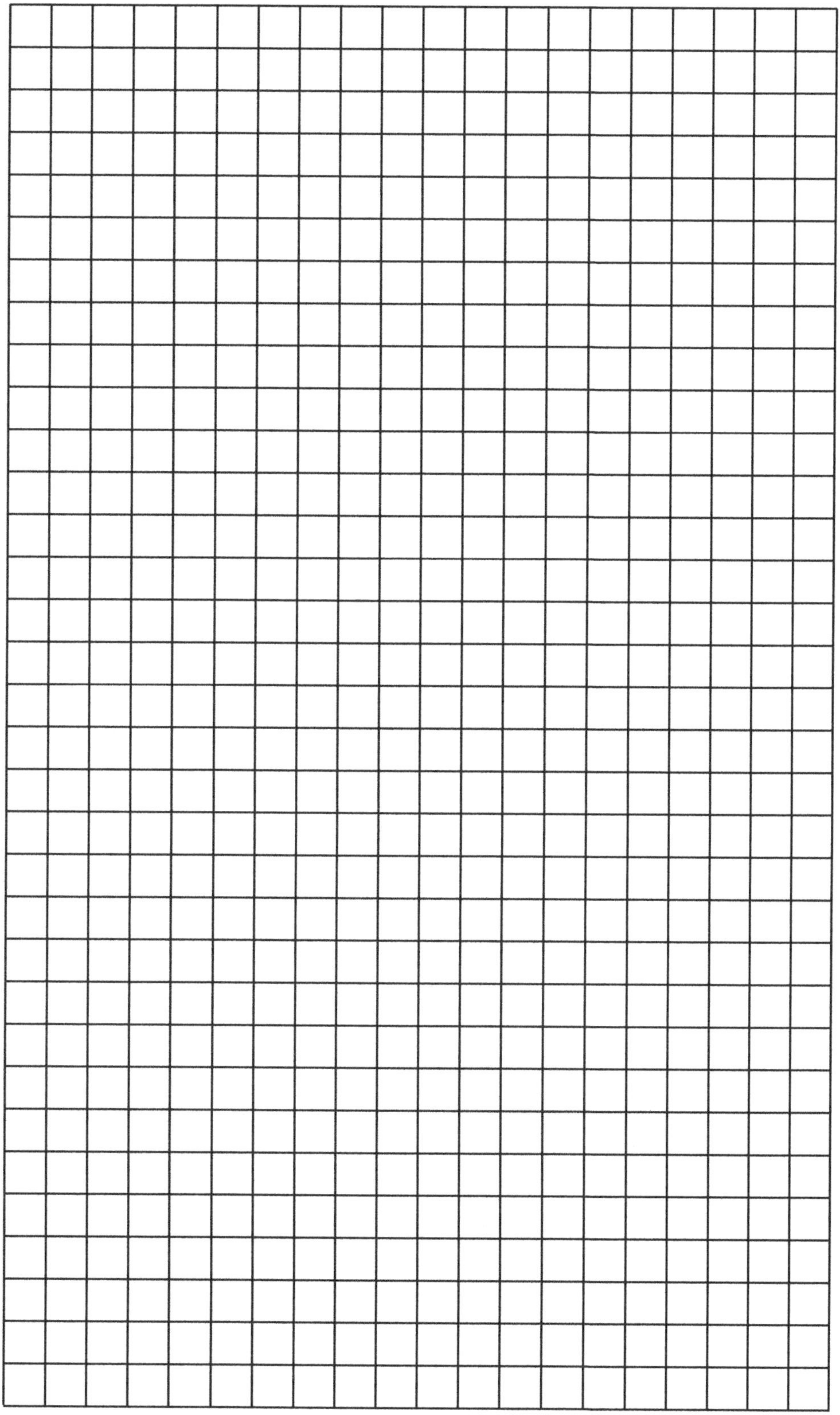

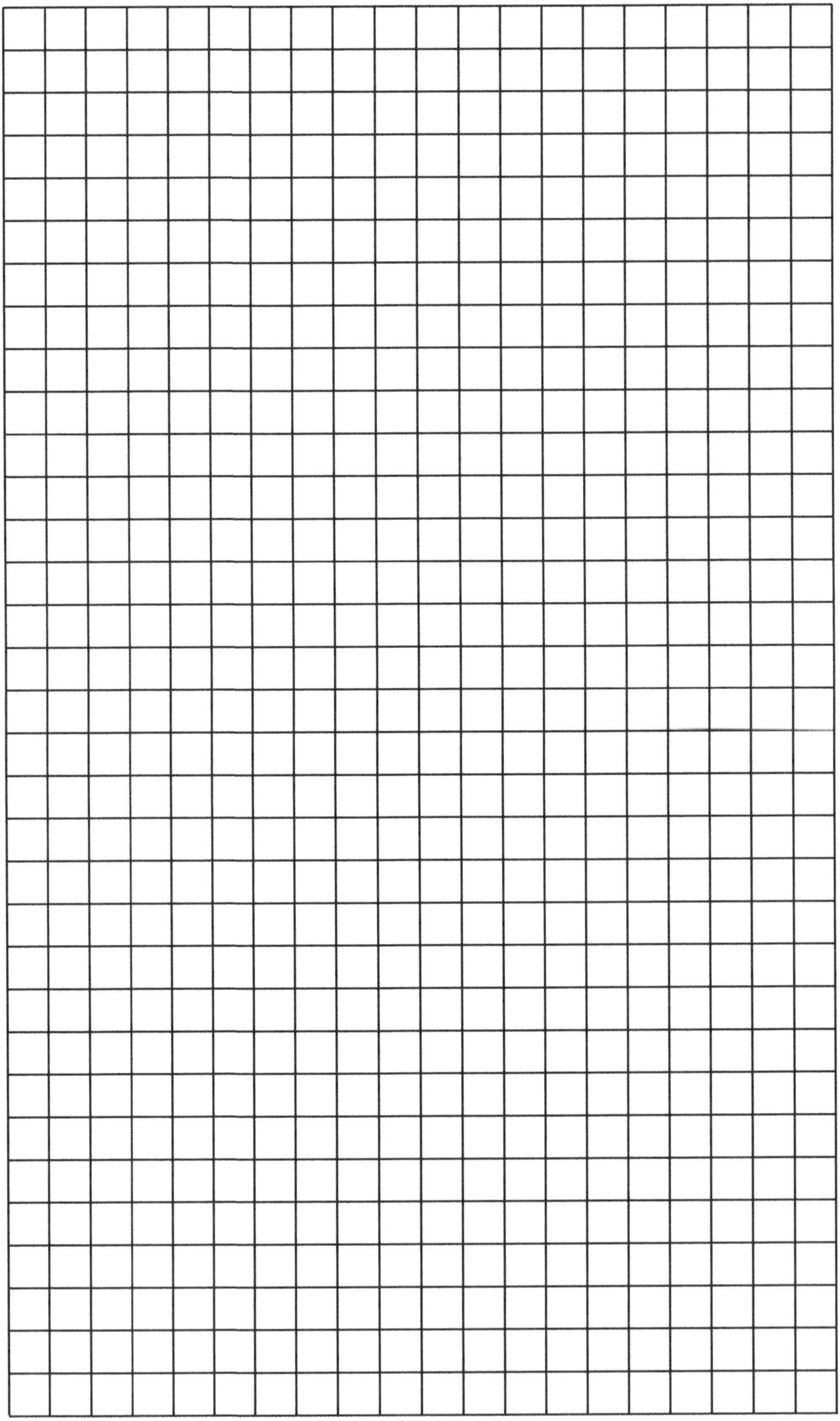

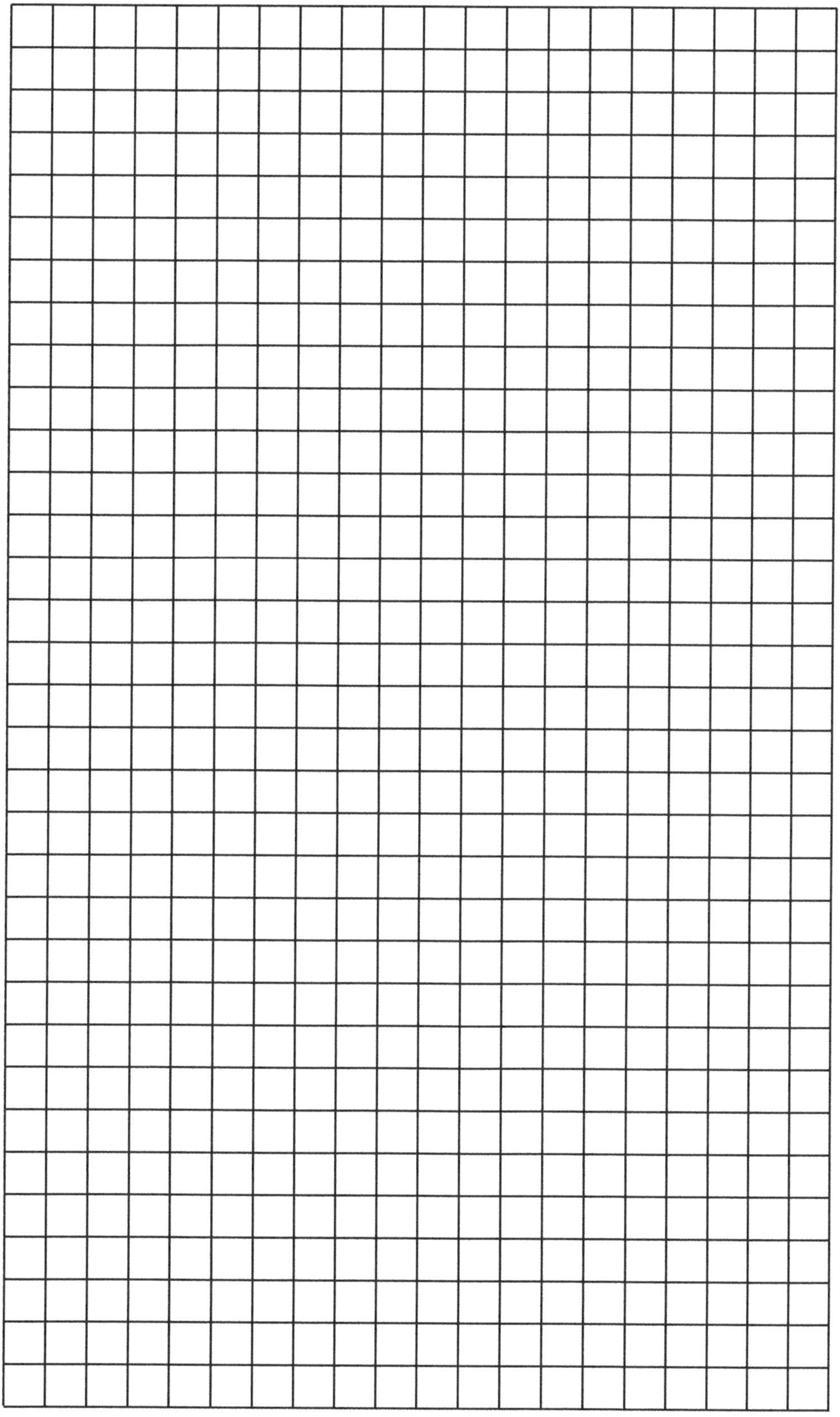

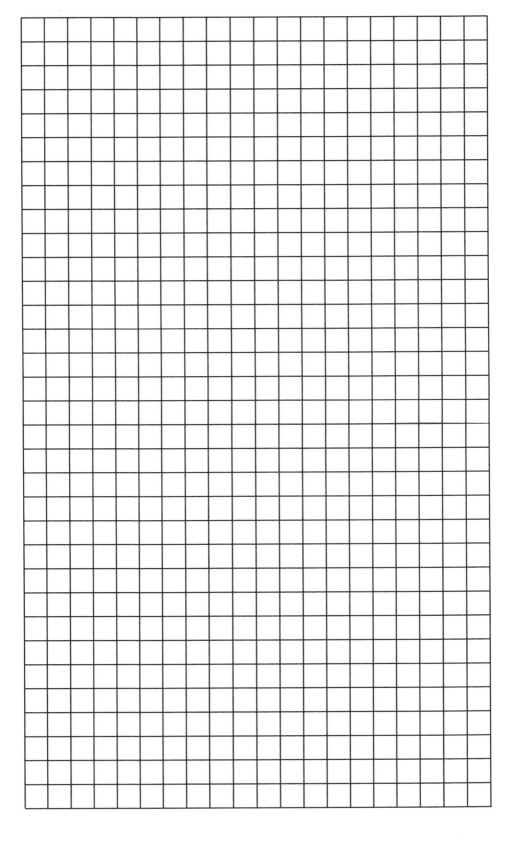

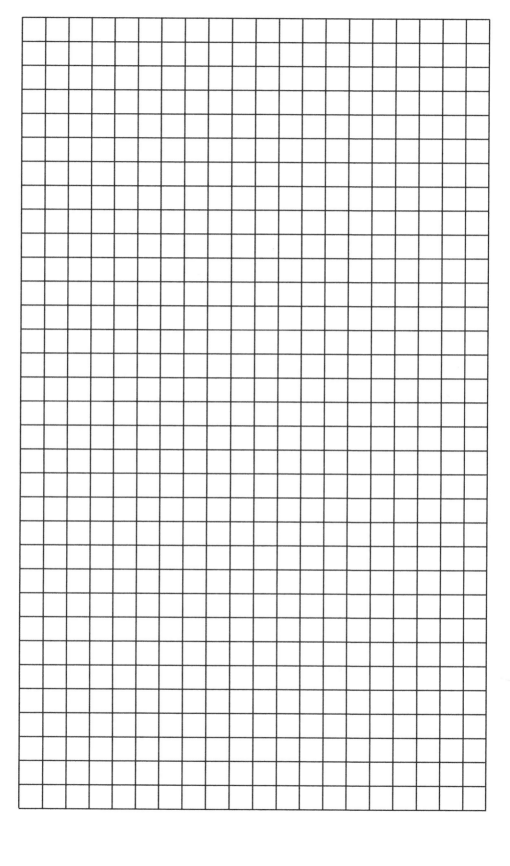

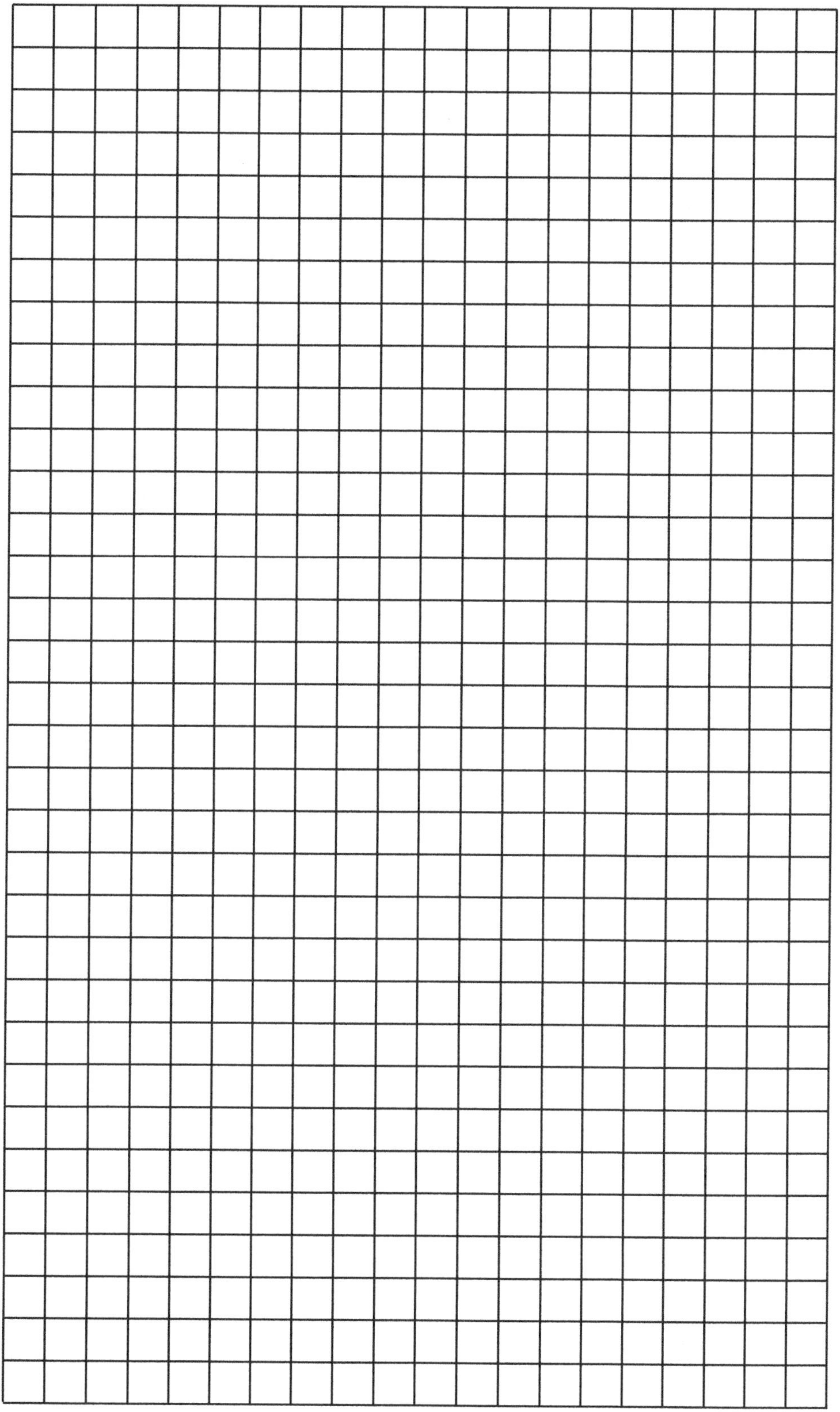

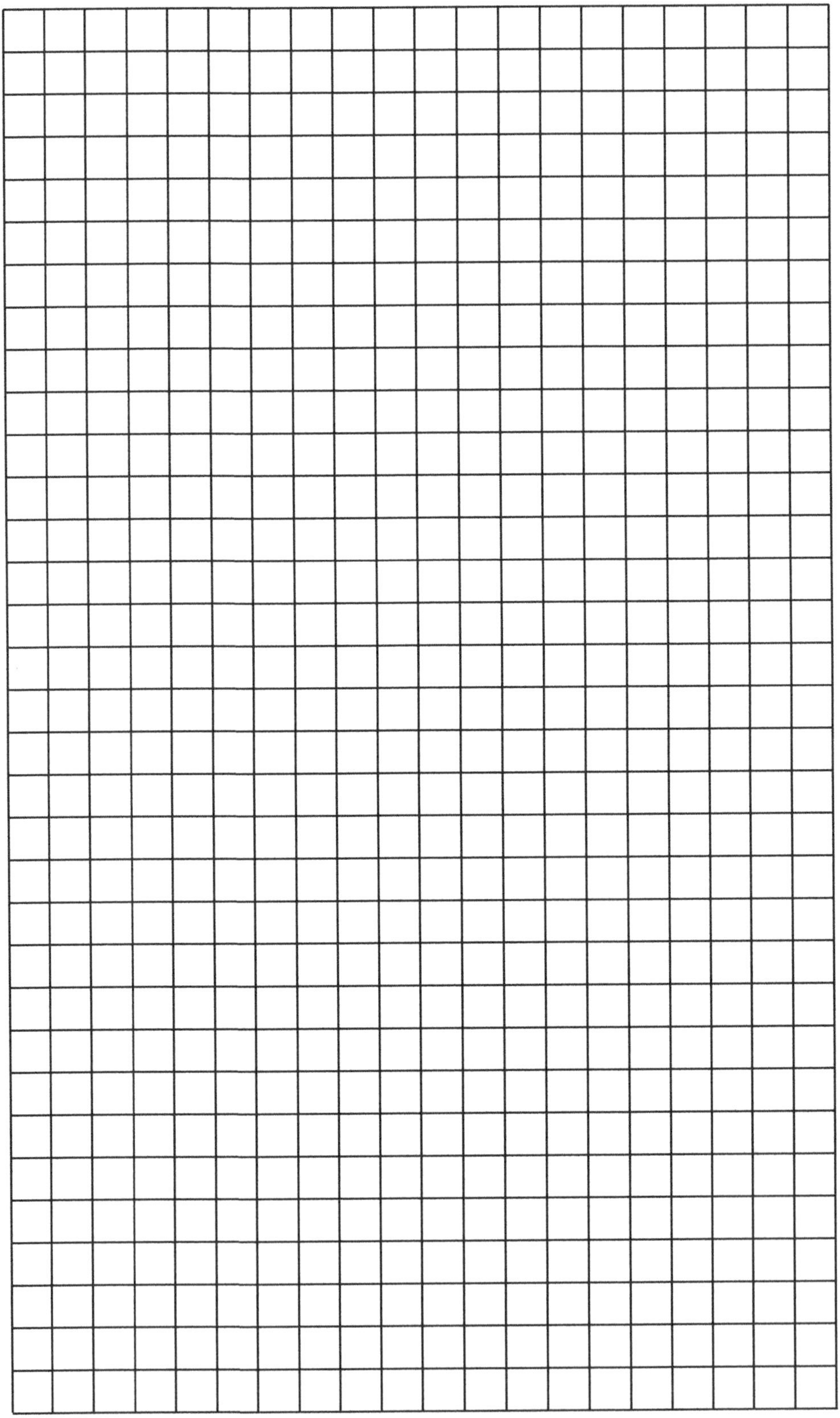

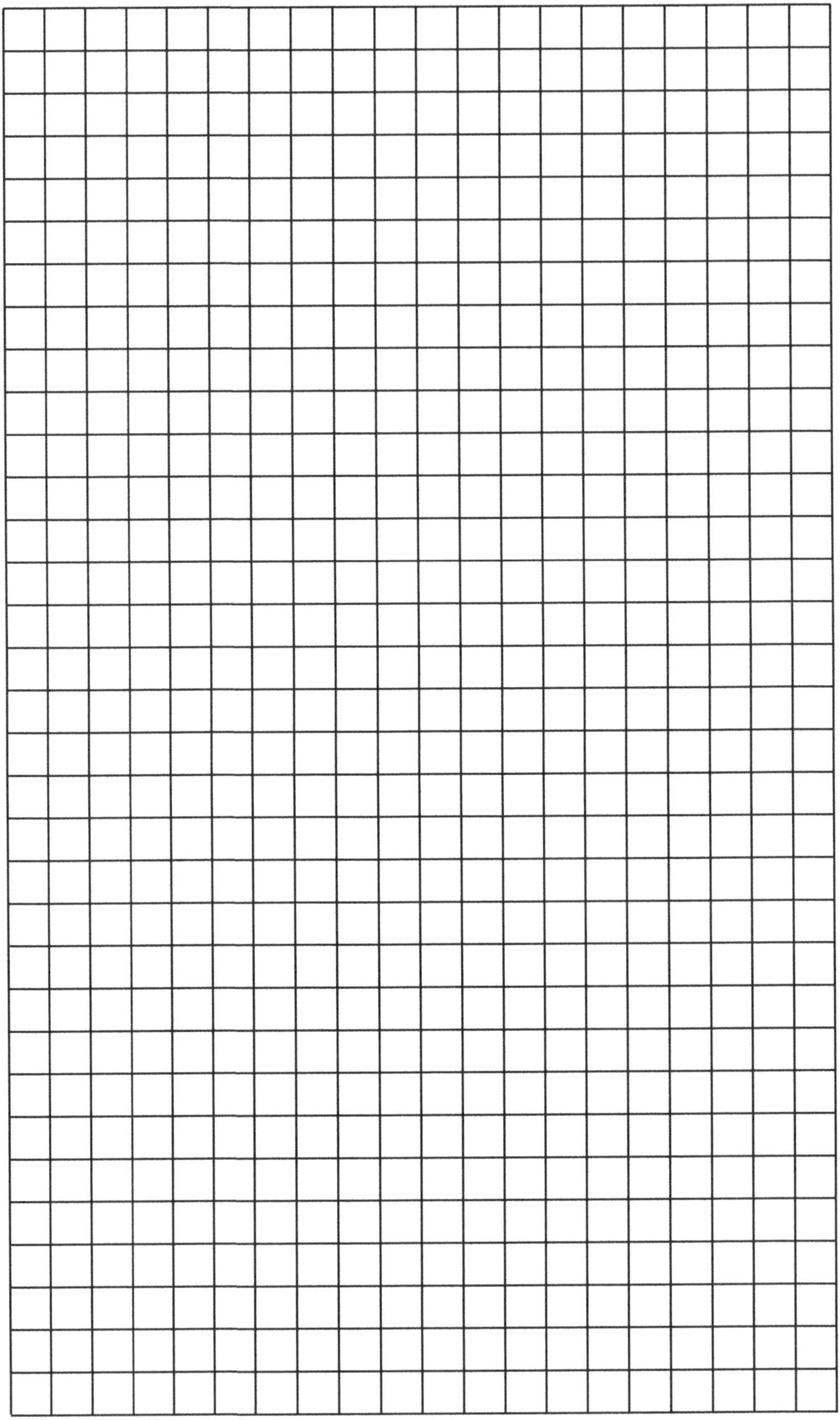

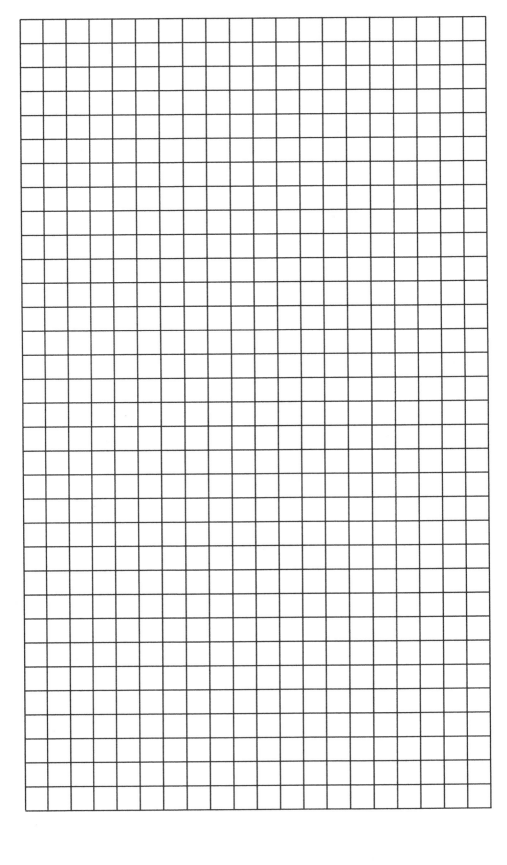

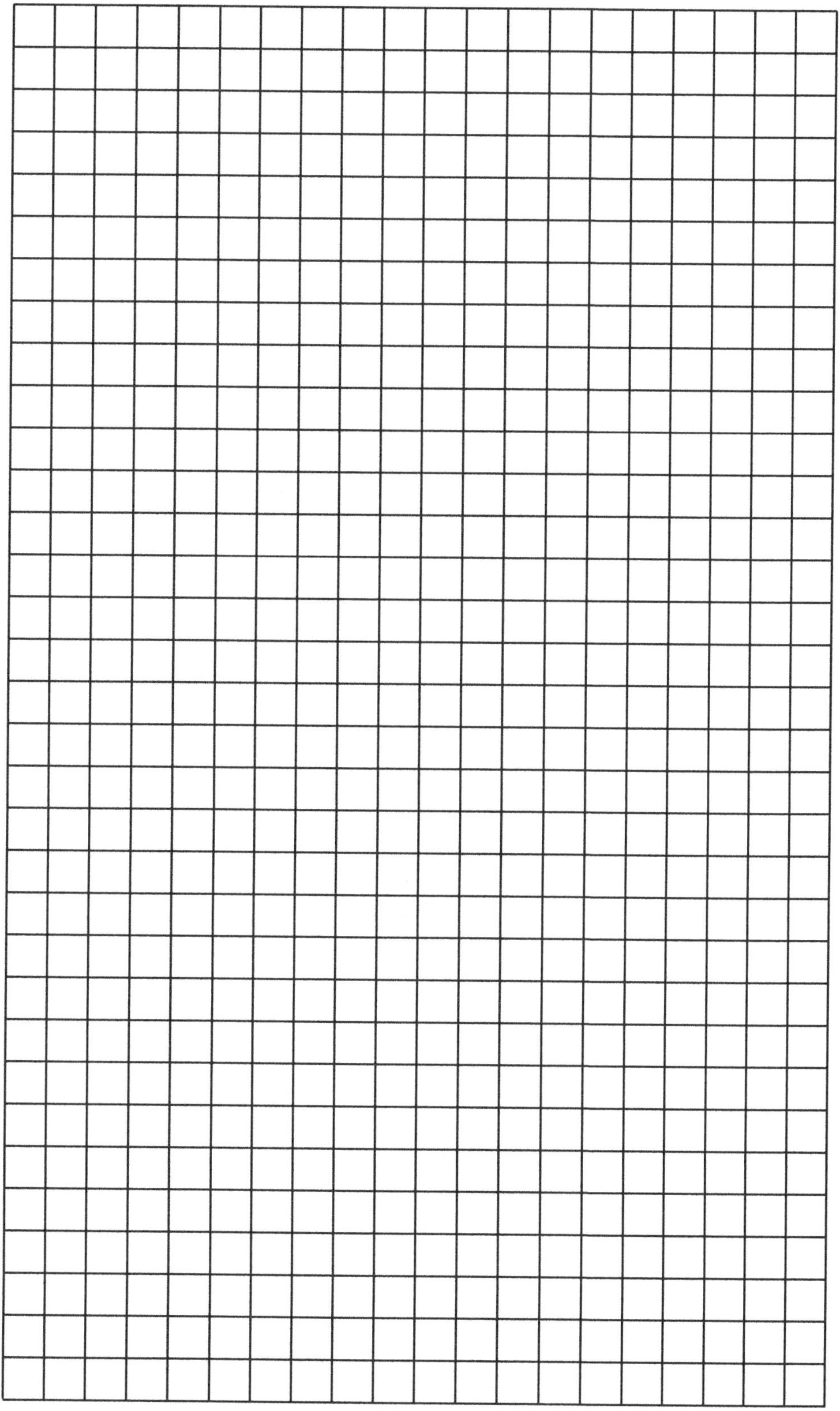

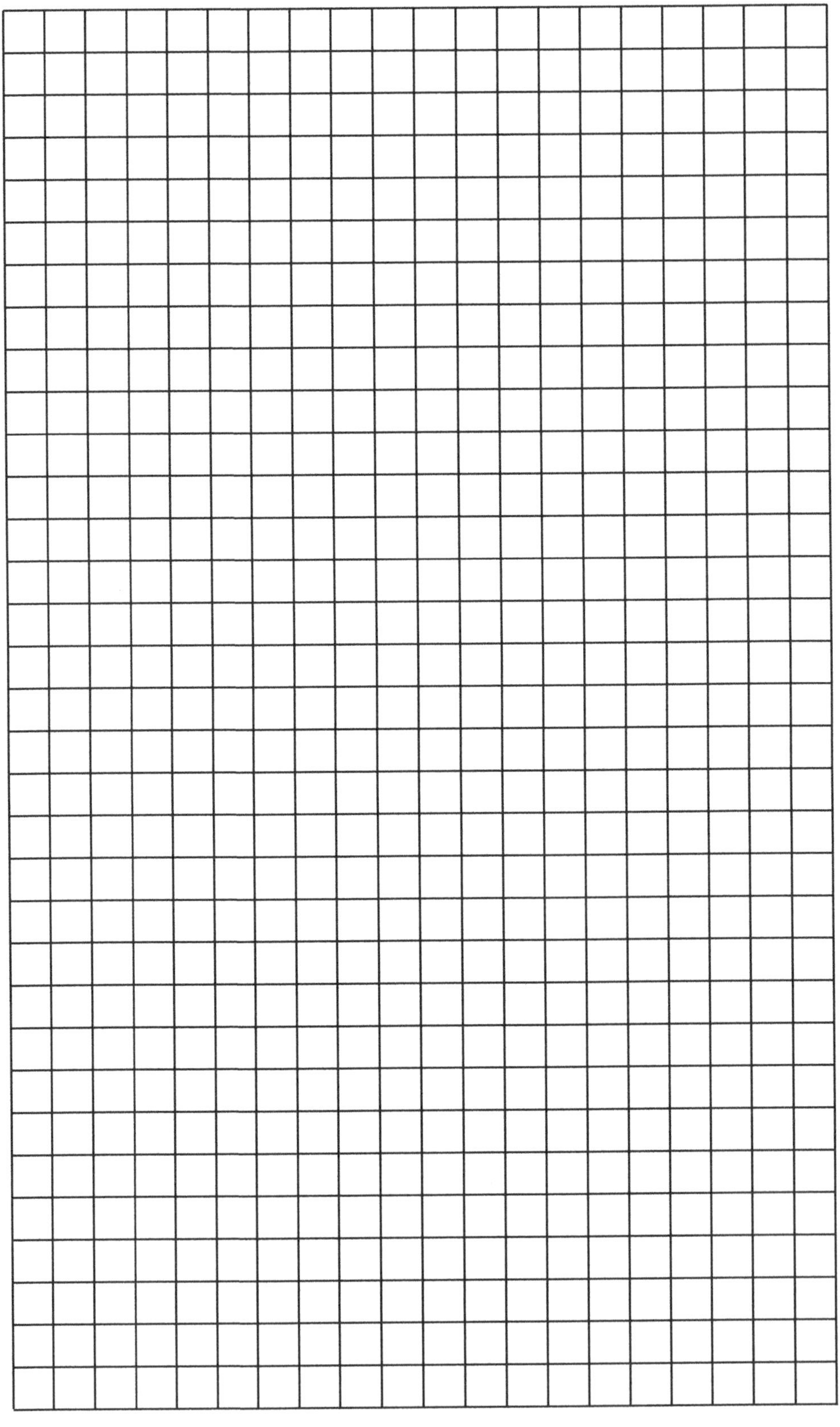

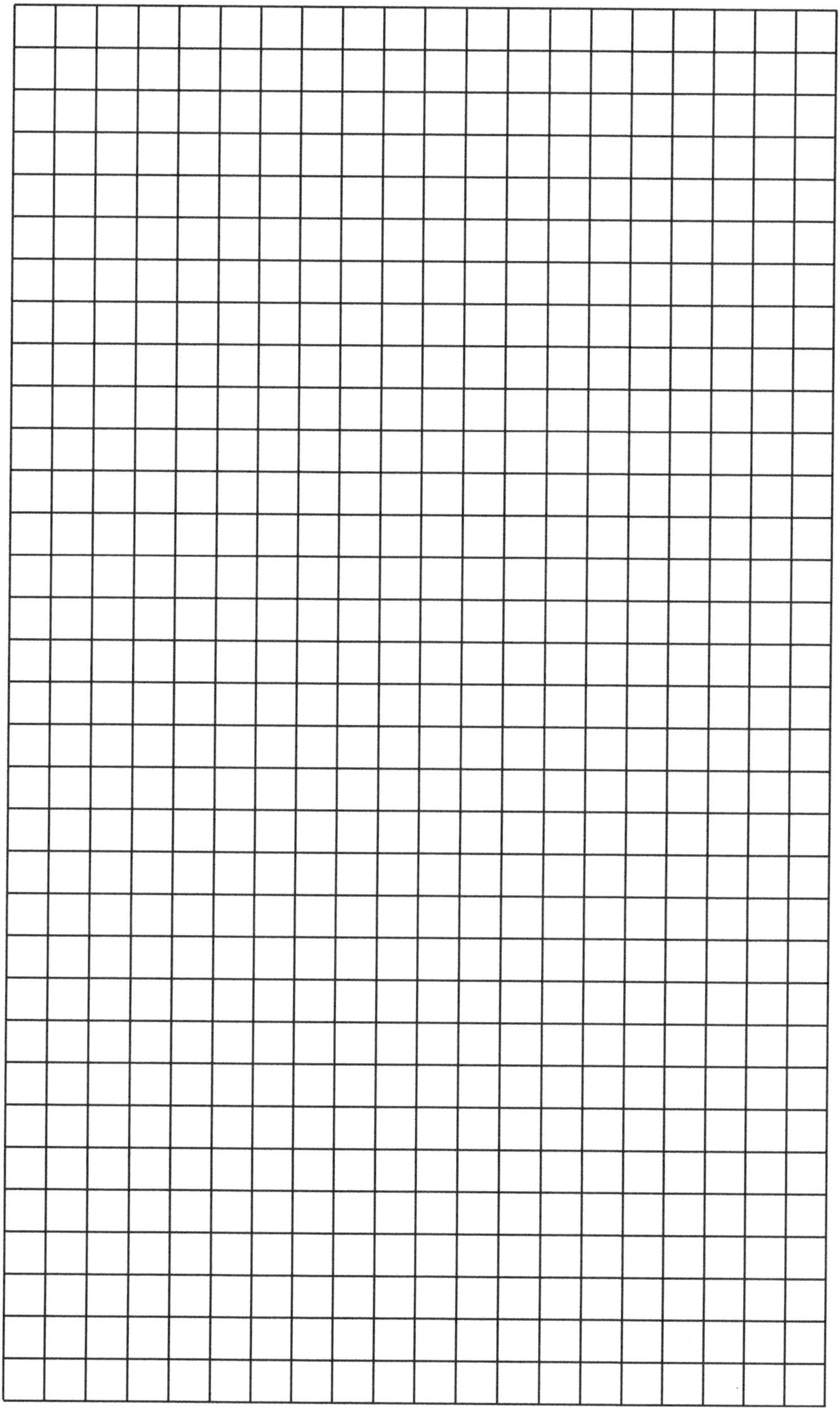

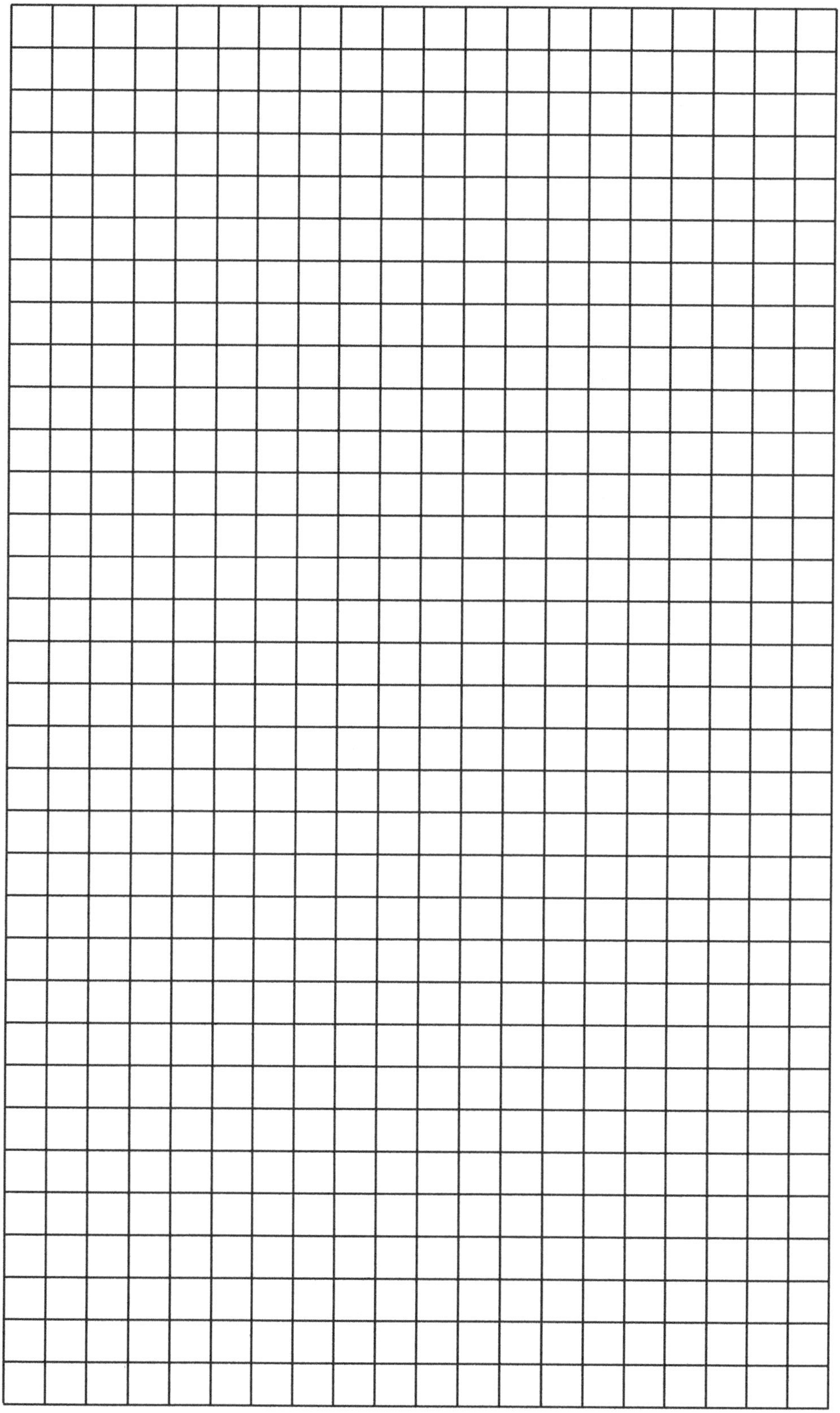

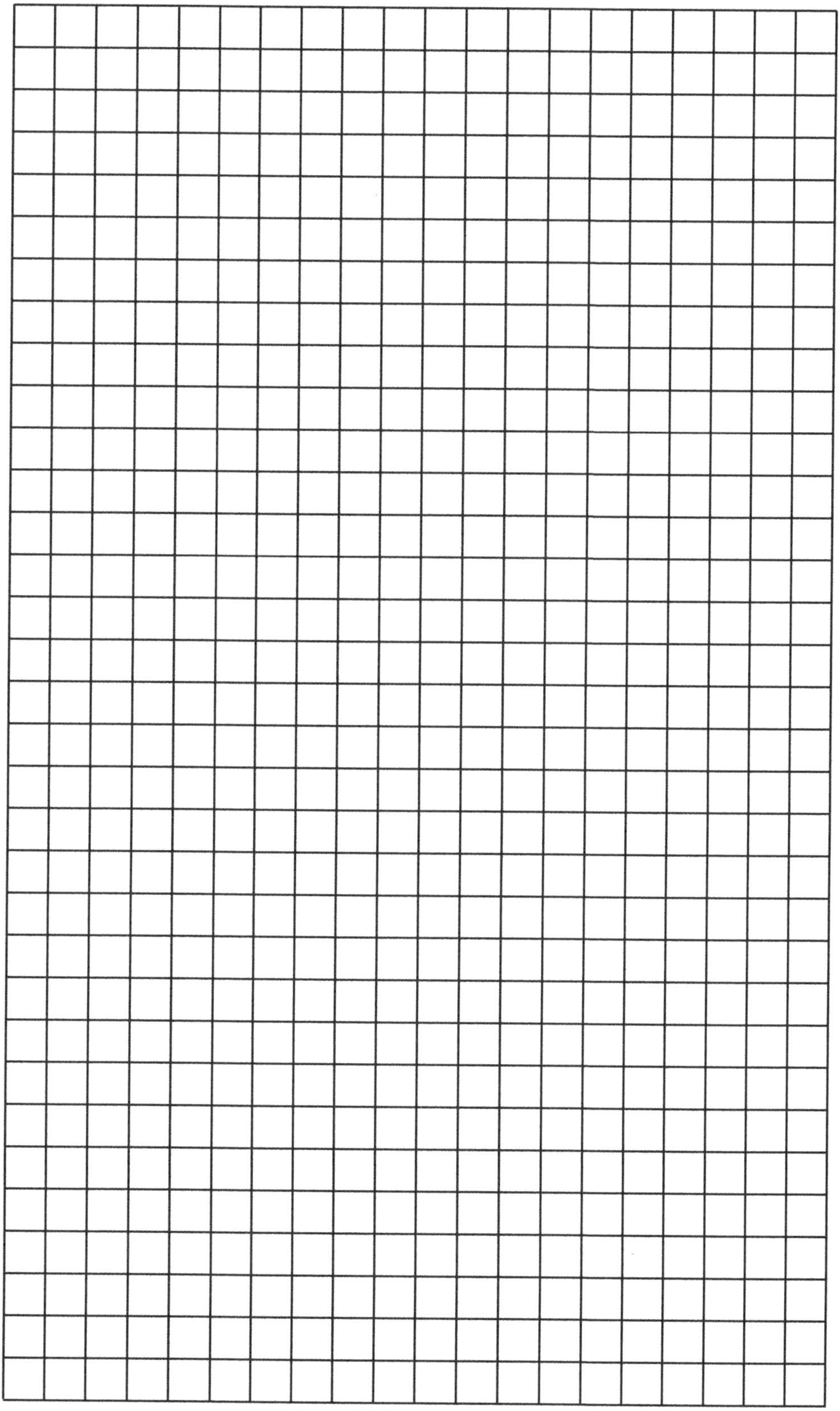

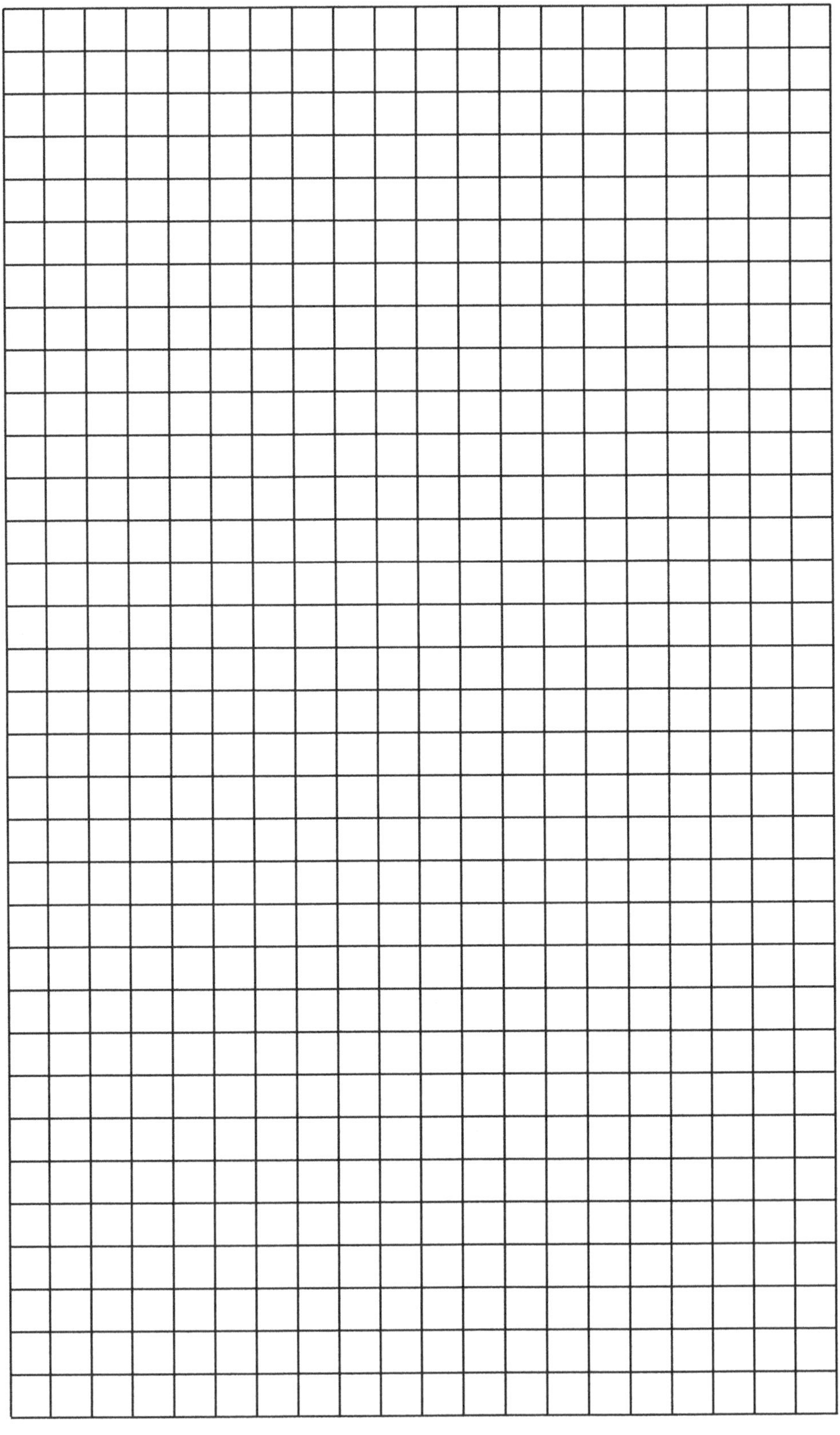

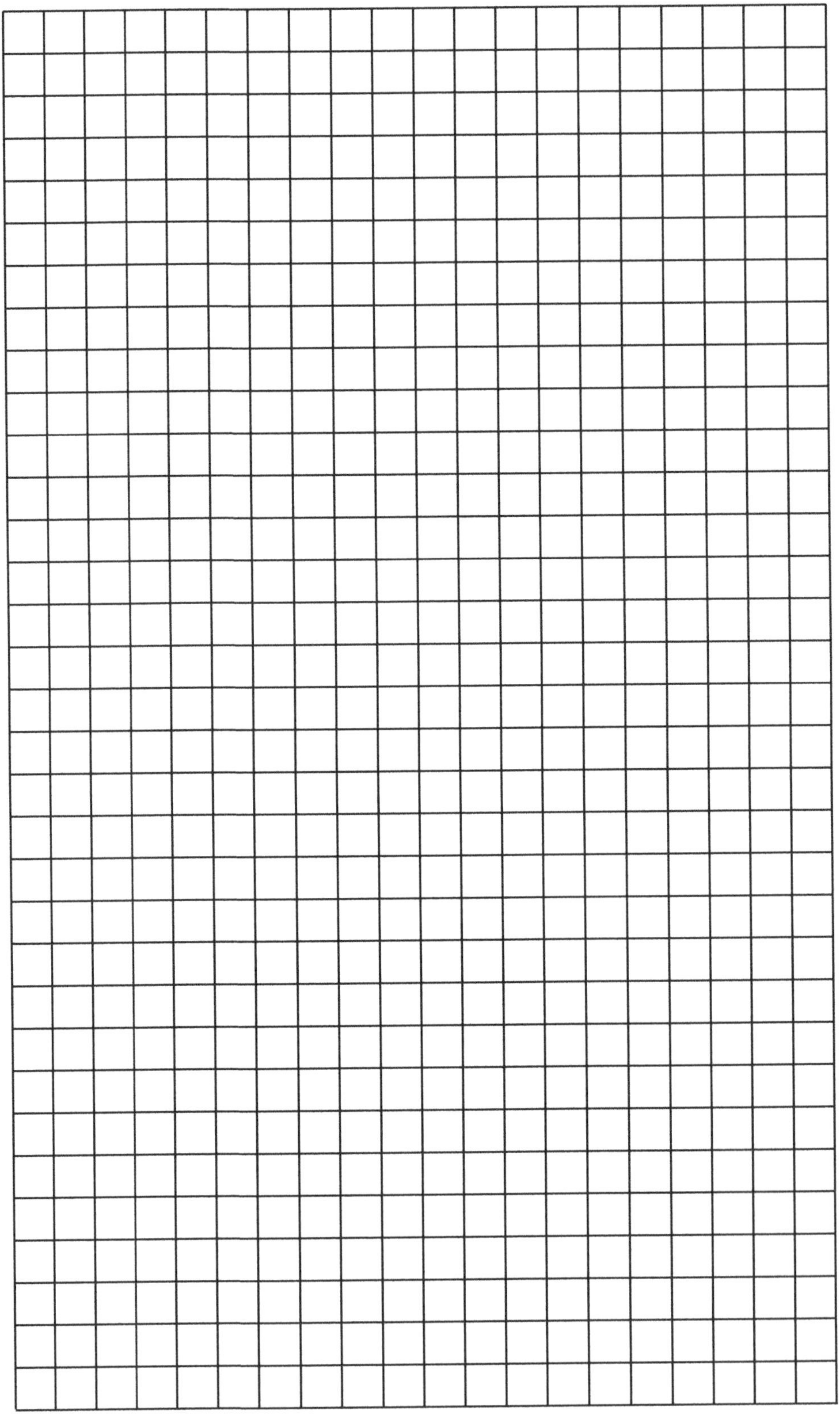

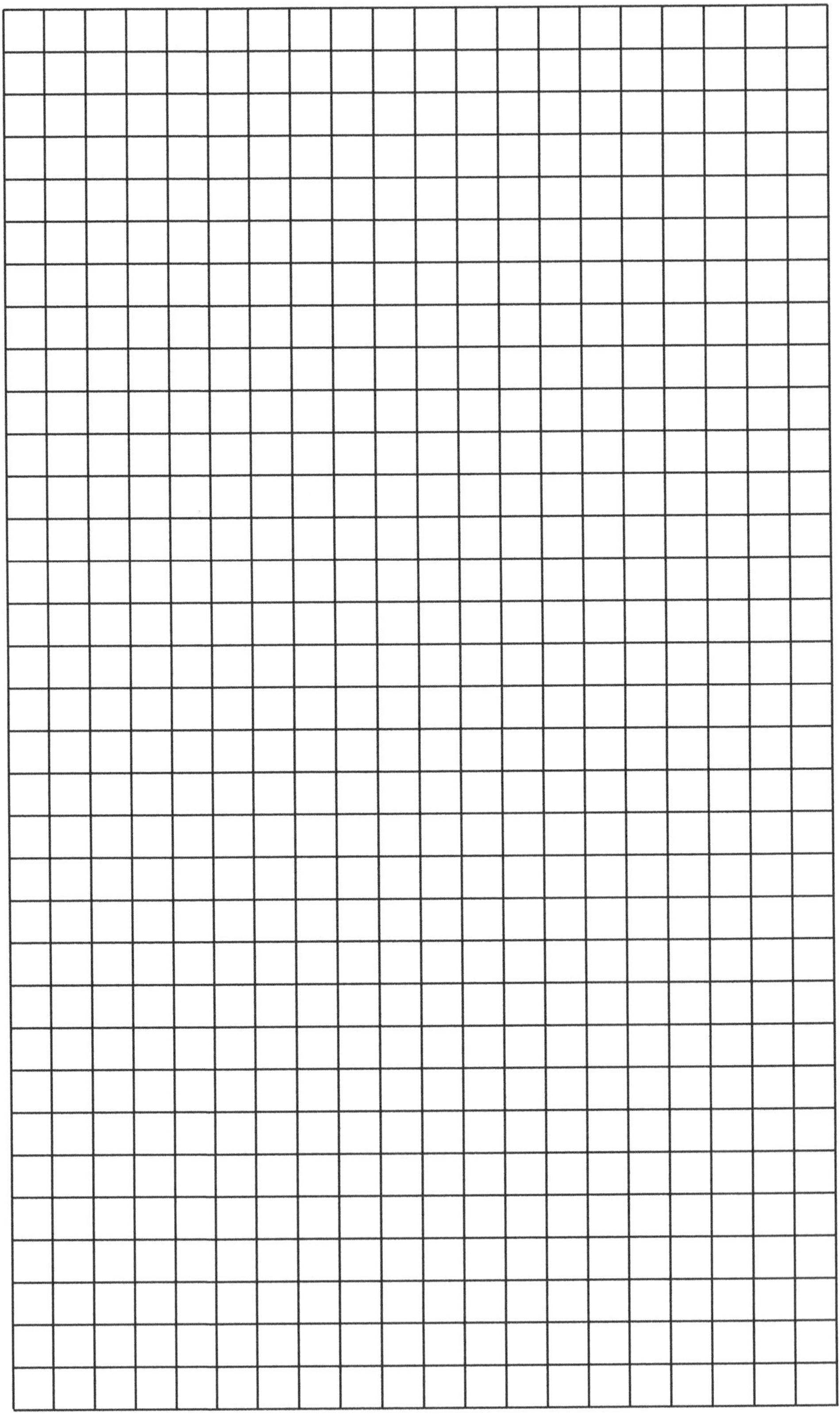

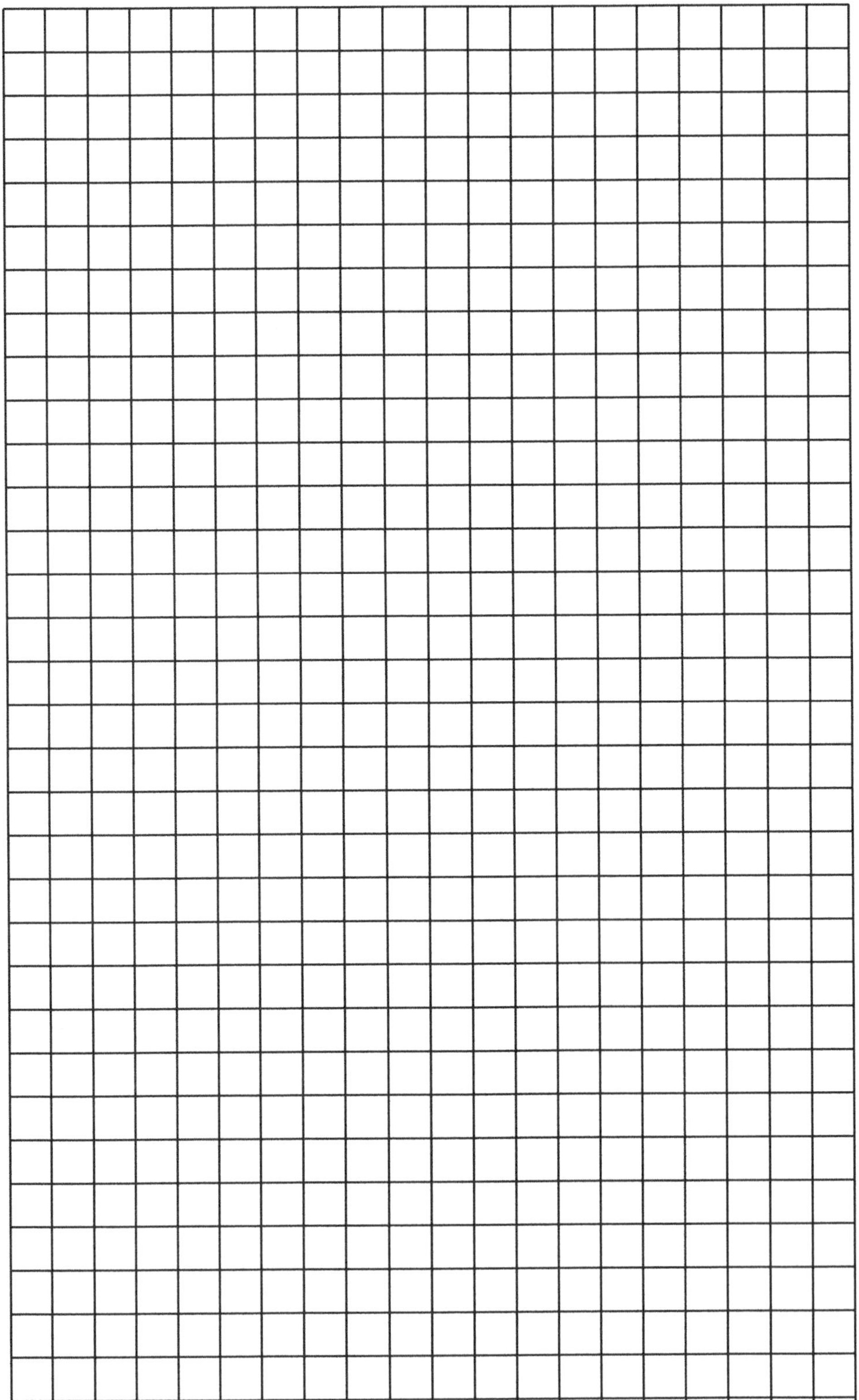

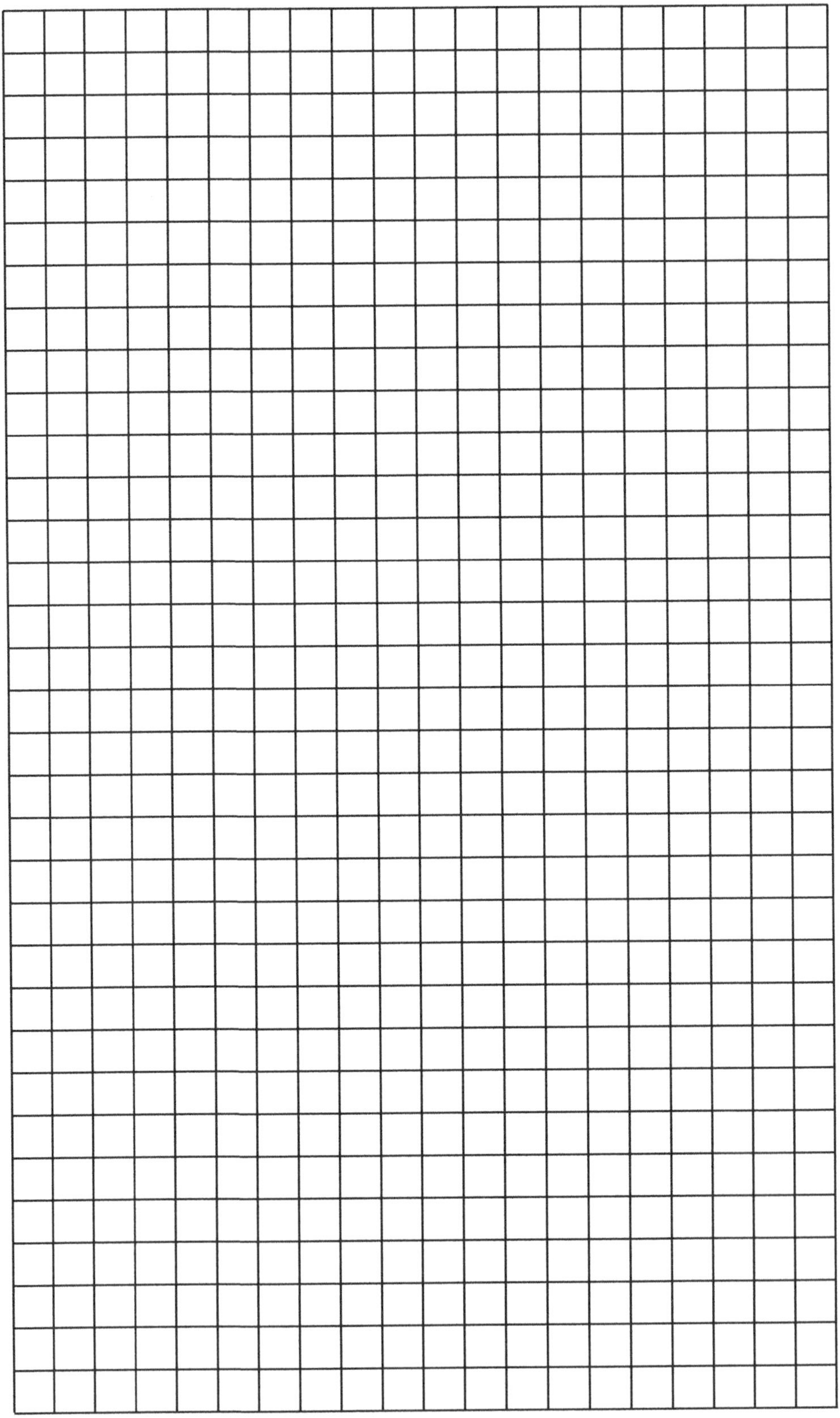

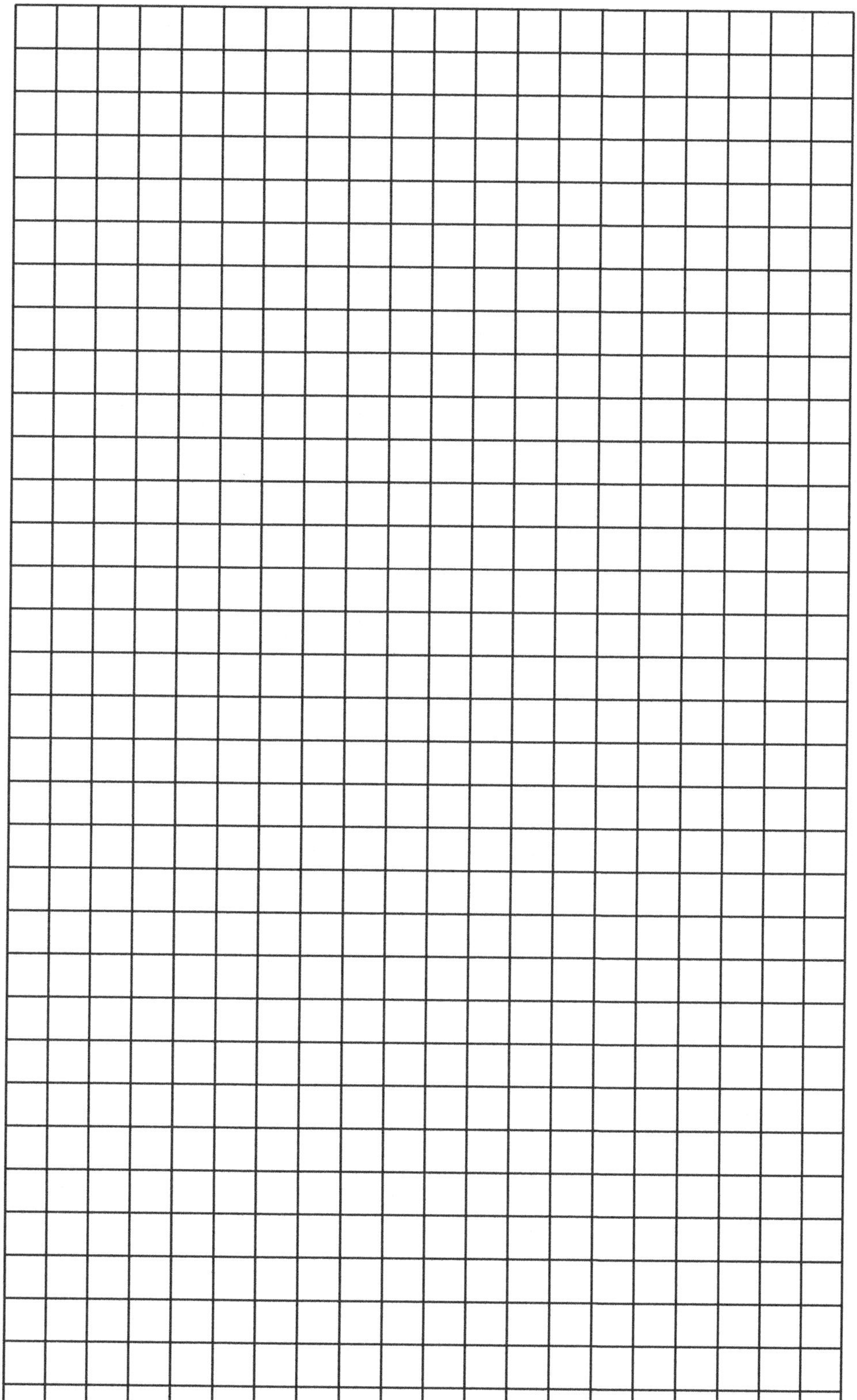

Made in the USA
Monee, IL
17 June 2020

33792050R00069